PRINCE
NE DOIT PAS COURIR !

BIOGRAPHIE

Petite fille, Lucy Daniels aimait beaucoup lire, et rêvait d'être écrivain. Aujourd'hui, elle vit à Londres avec sa famille et ses deux chats, Peter et Benjamin. Originaire de la région du Yorkshire, elle a toujours aimé la nature et les animaux, et s'échappe à la campagne dès qu'elle le peut.

Ce livre est déjà paru dans la collection Folio Cadet, n° 347,
sous le titre *Un poney en danger.*

ILLUSTRATIONS INTÉRIEURES : PHILIPPE MIGNON
ADAPTATION : SOPHIE BEAUDE

L'auteur remercie Jenny Oldfield et C. J. Hall, médecins vétérinaires,
qui ont revu les informations contenues dans ce livre.
Conception de la collection : Ben M. Baglio
Titre original :
Pony in Porch

Publié pour la première fois par Hodder Children's Books, Londres

Loi n°49-956 du 16 juillet 1949 sur les publications destinées à la jeunesse
Dépôt légal : février 2002
ISBN : 2 747 004 86 4

S.O.S. ANIMAUX

PRINCE NE DOIT PAS COURIR !

LUCY DANIELS

TRADUIT DE L'ANGLAIS
PAR MICHELLE ESCLAPEZ

BAYARD JEUNESSE

LES HÉROS DE CETTE HISTOIRE

Cathy Hope a douze ans, et une passion : les animaux. Son ambition est de devenir vétérinaire, comme ses parents. La souffrance des animaux lui est insupportable et elle ne manque jamais une occasion de leur porter secours.

Adam et **Emily Hope** sont les parents de Cathy. Ils dirigent une clinique vétérinaire, l'Arche des animaux, où Cathy passe tout son temps libre.

James Hunter est le meilleur ami de Cathy. Il partage avec elle l'amour des animaux et la suit dans toutes ses aventures.

Tom et **Dorothy Hope** sont les grands-parents de Cathy. Ils vivent au cottage des Lilas, et sont toujours prêts à venir en aide à leur petite-fille.

Adam Hope
Emily Hope
Tom Hope
Dorothy Hope
James Hunter
Cathy Hope

1

Cathy présenta une carotte au poney gallois.

– Tiens, Prince, lui dit-elle en flattant son encolure soyeuse. Oh ! comme tu vas me manquer !

– À moi aussi ! s'exclama Mme Jackson. Malheureusement, il m'est impossible de le garder depuis que Jane a décidé d'aller vivre à York. J'espère que nous lui trouverons un bon foyer.

Cathy regarda le verger, à l'arrière du cottage, où se trouvait l'écurie de Prince, un simple appentis dans un coin abrité. La jeune fille respira à fond : une odeur d'herbe tendre et de tourbe moussue flottait dans l'air.

– Il devait être heureux ici, murmura-t-elle.

– Je me souviens encore du jour où mon mari l'a amené à la maison. Nous voulions faire une surprise à Jane pour son dixième anniversaire. Elle était si contente !

Mme Jackson soupira. Elle avait perdu son mari cinq ans auparavant.

Cathy lui sourit :

– Je suis sûre que vous allez lui trouver un bon maître, madame Jackson.

Elle caressa la robe brune et brillante du poney. Lorsqu'elle rendait visite à ses grands-parents, qui habitaient juste à côté, elle s'arrêtait souvent pour dire un petit bonjour à Prince. Jane l'avait plus d'une fois laissée le soigner et le nourrir. Cathy appuya sa tête contre son encolure, profitant de ces derniers moments de tendresse…

Perdue dans ses pensées, Cathy attendait le début des cours. Elle avait été si occupée ces deux dernières semaines qu'elle n'avait pas eu le temps de passer voir Prince. Elle ne s'y était rendue que la veille et avait constaté que Mme Jackson était partie. L'écurie était vide. Pendant un long moment, la jeune fille avait contemplé le box désert, les yeux embrumés de larmes. Qu'était devenu Prince ?

– Je vous présente Susan Collins, dit Mlle Potter.

Cathy sursauta. Il y avait une nouvelle dans la classe. Elle se tenait debout près de Mlle Potter et n'avait pas l'air très heureux.

– Elle arrive de Londres, continua-t-elle, et vivre à la campagne va être un grand changement pour elle. Je vous demande donc à tous de bien l'accueillir. Cathy, j'aimerais que tu accompagnes Susan dans l'école les premiers jours.

Cathy hocha la tête en adressant un sourire chaleureux à la jeune fille.

– Tu verras, tu vas te plaire à Welford, affirma-t-elle lorsque Susan s'assit à côté d'elle.

– Ça m'étonnerait, marmonna Susan. Je déteste cet endroit. On s'ennuie, ici !

Cathy pensa aussitôt à ses multiples occupations, en particulier à toutes ses tâches à l'Arche des animaux. Elle aidait ses parents, qui étaient vétérinaires, à soigner des animaux, à les nourrir, à nettoyer les cages…

– Tu te trompes ! Tu vas découvrir des tonnes de choses !

D'un mouvement brusque, Susan rejeta sa queue de cheval en arrière :

– Quoi, par exemple ?

– Eh bien, samedi, c'est la foire de Welford. Il y aura des attractions, des expositions d'animaux, un concours hippique et…

– Un concours hippique ? l'interrompit Susan.

– Oui. C'est un grand moment ! Beaucoup de personnes y participent.

Susan se renfrogna de nouveau.

– Pas la peine d'essayer de me convaincre ! bougonna-t-elle. Jamais je ne m'habituerai à la campagne. Et vous ne m'y forcerez pas, ni toi ni personne !

À midi, Cathy en avait déjà assez de Susan, qui n'arrêtait pas de se vanter. Elle parlait sans cesse de la grande maison qu'elle avait habitée à Londres et de l'ordinateur que ses parents venaient de lui offrir. Pendant toute la journée, elle n'avait cessé de répéter combien elle détestait la campagne…

En fin d'après-midi, alors que Cathy l'accompagnait jusqu'à la porte de l'école, Susan lui annonça :

– Papa m'a acheté un poney ! Ça, c'est super !

– Un poney ! s'exclama Cathy. Tu sais monter à cheval ?

– Évidemment ! répondit Susan d'un ton pincé. J'ai suivi des cours à Londres, dans la meilleure école. J'ai même appris le saut d'obstacles !

Le regard de Cathy pétilla :

– J'adore les poneys. C'est tellement passionnant de s'occuper d'eux !

Susan grimaça :

– Berk ! Quelle horreur ! Respirer l'odeur de paille pourrie et nettoyer le crottin ! Là où j'ai appris à monter, des palefreniers prenaient soin des poneys.

Cathy était sidérée : comment pouvait-on avoir un poney, le monter et ne pas vouloir s'en occuper ? Il lui avait toujours semblé que cela faisait partie du plaisir de l'équitation.

– Moi, ce que j'aime, c'est monter, conclut Susan. Maman dit que je suis une excellente cavalière.

– Est-ce que ta mère a un cheval, elle aussi ? demanda Cathy, intéressée.

Susan regarda au loin :

– Non. Elle est restée à Londres à cause de son travail. Elle est actrice. Tu la connais peut-être : c'est Miranda Jones...

– Miranda Jones ? Et pourtant, toi, tu t'appelles Collins ?

– Oui, mais Jones est son nom de scène.

Cathy allait l'interroger pour en savoir plus lorsque James arriva sur sa bicyclette. Comme d'habitude, sa tignasse était tout ébouriffée et ses lunettes avaient glissé sur son nez.

La jeune fille se tourna vers son ami :

– Je te présente Susan. Elle vient de Londres.
– Bienvenue à Welford ! As-tu un vélo ? demanda James. Tu pourrais nous accompagner la prochaine fois…
Susan leva fièrement le menton :
– Bien sûr que j'ai un vélo. Un V.T.T. Même qu'il est cent fois mieux que les vôtres !
James, éberlué, resta sans voix.
Une superbe Jaguar bleue s'arrêta alors devant le portail de l'école. L'homme qui la conduisait se pencha pour ouvrir la portière du passager.
– Bonjour ! dit-il. Je vois que tu t'es déjà fait des amis, Susan.
Le père de Susan leur souriait gentiment.
– Et si on invitait tes amis pour le goûter ? suggéra-t-il à sa fille. Que pensez-vous de mercredi, les enfants ?
– C'est d'accord. Merci pour votre invitation, répondit poliment Cathy.
M. Collins jeta un coup d'œil sur sa montre :
– Bon, allons-y, Susan, je suis pressé.

Susan se passa la main dans les cheveux et monta dans la voiture, sans un regard pour Cathy et James.

2

Quand Cathy se réveilla le lendemain matin, le soleil brillait derrière la fenêtre de sa chambre. Il faisait un temps superbe.

Elle prit une douche rapide, s'habilla en un clin d'œil et se précipita dans la cuisine.

– Bonjour, papa ! Bonjour, maman ! lança-t-elle avec entrain. J'ai une faim de loup, ce matin !

– Comme toujours ! plaisanta M. Hope.

– Tes grands-parents sont rentrés hier soir de York, annonça Mme Hope à sa fille.

– Chouette ! Est-ce qu'ils ont des nouvelles

de Prince ? Ont-ils vu Mme Jackson ?
La mère de Cathy secoua la tête.

– En revanche, ils ont passé de très bonnes vacances ! dit-elle.

La jeune fille, honteuse, rougit violemment et plongea son nez dans son bol de lait. Elle aurait quand même pu demander comment allaient ses grands-parents !

Alors qu'elle terminait son petit déjeuner, Cathy soupira.

– Quelque chose ne va pas ? s'étonna sa mère.

Cathy avait toujours du mal à cacher ses sentiments.

– Il y a une nouvelle, à l'école, Susan Collins…

– Eh bien ? l'encouragea Mme Hope.

– James et moi, nous sommes invités chez elle, demain, pour le goûter.

– Ça n'a pas l'air de te réjouir !

– Je ne crois pas que ça fasse vraiment plaisir à Susan, expliqua la jeune fille. C'est son père qui nous a proposé. Nous n'avons pas pu refuser…

Il y eut un bruit de gravier au-dehors, suivi d'un coup de sonnette de bicyclette.
– Ah ! Voilà James, s'exclama Cathy. J'y vais, maman. Bonne journée !
Elle se leva de table et saisit son cartable.
Elle était à la porte quand sa mère la rappela.
– Tu sais, dit-elle, si Susan vient d'arriver, ça ne doit pas être facile pour elle… Avec le temps, elle deviendra peut-être plus agréable. Essayez de faire un petit effort, toi et James.
– C'est promis ! lança Cathy avant de refermer la porte.

À l'heure du déjeuner, alors qu'elle était à table avec ses amis, Cathy aperçut Susan.
Elle se leva et lui proposa de se joindre à eux.
– Je n'ai pas besoin de toi pour trouver une place, lui répondit Susan d'un ton brusque.
Elle s'éloigna, puis se retourna :
– À propos, demain, à seize heures trente. D'accord ?
Cathy n'eut pas le temps de répondre, Susan était repartie.

Elle haussa les épaules. Que pouvait-elle faire ? Susan y mettait vraiment de la mauvaise volonté.
Cathy reprit sa place à table. Barry Prescott vint s'asseoir en face d'elle.
– Salut, Barry ! Comment va Étoile ?
Barry possédait lui aussi un poney, qui s'était foulé une jambe quelques semaines auparavant.
– Beaucoup mieux. La pommade que ton père m'a donnée est formidable !
– Tu crois qu'Étoile sera rétabli pour le concours hippique ?
– Bien sûr. C'est encore nous qui allons gagner !
– James va présenter Blackie à l'exposition des animaux domestiques, l'informa Cathy avec malice. Il lui a appris des tours.
Barry faillit s'étrangler :
– Blackie ? Tu te moques de moi !
Tous deux éclatèrent de rire. Blackie n'était pas particulièrement connu pour son obéissance. Le seul tour qu'il eût réussi jusqu'à présent, c'était de partir avec la balle dans la

gueule en pleine finale d'un tournoi de tennis !

3

Après l'école, Cathy rentra rapidement à l'Arche des animaux. Elle avait hâte de savoir si ses parents avaient appris quelque chose au sujet de Prince.

Alors qu'elle montait les marches du perron, elle entendit les roues d'une voiture crisser sur le gravier. Les portières s'ouvrirent, et Penny Hapwell descendit du véhicule, suivie de sa mère. Celle-ci tenait dans ses mains un petit corps enveloppé d'une serviette. C'était Pâquerette, le chaton de Penny. La serviette était tachée de sang, et le chaton avait les yeux fermés.

En les voyant arriver, Jane, la réceptionniste, appuya sur la sonnette électrique placée sur son bureau et Simon, l'assistant vétérinaire, apparut. Il jeta un coup d'œil sur Pâquerette et frappa à la porte de la salle d'opération. M. Hope en sortit aussitôt.

– Que lui est-il arrivé ? demanda-t-il.

– Elle s'est blessée avec un morceau de tôle pointu, répondit Mme Hapwell.

La petite fille leva vers le père de Cathy des yeux pleins de larmes et hoqueta :

– Elle… elle ne va pas mourir, n'est-ce pas ?

M. Hope adressa un sourire rassurant à Penny, mais Cathy surprit le regard qu'il lança à Simon. Il fallait agir vite. Simon prit la petite boule de poils des mains de Mme Hapwell et l'emporta dans la salle d'opération.

M. Hope se tourna vers sa fille :

– Tu veux bien t'occuper de Penny, Cathy ? Je dois parler à Mme Hapwell.

Cathy acquiesça d'un signe de tête.

– Donne-lui quelque chose à boire et réconforte-la, lui demanda Jane en posant une main sur son épaule. Tu sais bien que ton père est capable de sauver n'importe quel animal.

Cathy avait la gorge nouée. Elle prit pourtant Penny par la main et l'entraîna dans la cuisine. Elle lui servit un verre de lait et sortit quelques biscuits. Mais la petite fille ne put rien avaler.

– Est-ce que ça te ferait plaisir de voir les animaux ? lui proposa Cathy pour essayer de la distraire.

Penny ne semblait pas avoir entendu la question.

– Tu crois que ton père réussira à guérir Pâquerette ? s'inquiéta-t-elle.

– Oui, j'en suis sûre, dit Cathy en essayant de cacher son angoisse.

Elles étaient dans le chenil, occupées à nourrir un chiot convalescent, quand Mme Hapwell les rejoignit.

– Nous allons rentrer, dit-elle. Jane m'a promis d'appeler pour nous donner des nouvelles de Pâquerette.

Oubliant le chiot, Penny se remit à pleurer à chaudes larmes.

– Je veux Pâquerette, sanglotait-elle. Je veux qu'elle reste avec nous !

Mme Hapwell se pencha vers elle et lui parla doucement :

– Pâquerette doit rester encore un peu ici, ma chérie. Jusqu'à ce qu'elle aille mieux. Tu comprends ?

Penny hocha la tête entre deux sanglots et attrapa la main de sa maman, la serrant de toutes ses forces.

Après leur départ, Cathy fit le tour de tous les pensionnaires de l'Arche, s'assurant qu'ils n'avaient besoin de rien, puis elle rejoignit Jane à la réception. La jeune femme n'avait pas de nouvelles de la petite chatte. Impatiente, Cathy s'apprêtait à pousser la porte de la salle d'opération quand celle-ci s'ouvrit. Son père en sortit, en blouse blanche, son visage encore recouvert d'un masque. Cathy croisa le regard de son père et son cœur se mit à battre à grands coups. M. Hope tira sur son

masque : un large sourire éclairait son visage.
– Jane, appelez les Hapwell et dites-leur que tout va bien, s'il vous plaît.
Puis il se tourna vers Cathy.
– Je suppose que tu veux voir la patiente !
Cathy suivit son père dans la salle d'opération. Couchée sur une gaze propre, Pâquerette était enroulée sur elle-même, profondément endormie. Ses deux pattes avant et une patte arrière étaient enveloppées de bandages, et une légère compresse de coton cachait son ventre. Cathy resta quelques minutes à regarder la blessée.
– Elle va s'en sortir ?
– Oui, elle est sauvée, répondit M. Hope. Par précaution, nous la garderons ici pendant quelques jours, mais je pense qu'elle se rétablira vite.
Cathy jeta à son père un regard plein d'admiration. Chaque opération, chaque animal secouru lui donnaient un peu plus envie de devenir elle aussi vétérinaire !

4

Le lendemain, Pâquerette allait beaucoup mieux. Quand Cathy avança la main pour la caresser, elle se mit à lui lécher les doigts par petits coups de sa langue râpeuse.
M. Hope sourit :
– D'ici quelques jours, elle gambadera de nouveau. Plus les animaux sont jeunes, plus vite ils se rétablissent.
Il regarda sa montre.
– Tu vas être en retard à ton rendez-vous ! lança-t-il, moqueur.
Cathy grogna en montrant les dents. Elle

devait retrouver James au carrefour du pub du village pour aller goûter chez Susan. Cette idée ne l'enchantait guère : Susan était toujours aussi désagréable.
Les deux amis arrivèrent devant la maison des Collins un peu avant 16 heures 30. Les Hêtres étaient une demeure gigantesque, en forme de U. Tout le long de la façade courait une belle véranda dans laquelle se reflétait le soleil. C'était magnifique !
Ils abandonnèrent leurs bicyclettes dans la cour et gravirent les marches. Cathy appuya sur la sonnette. Une femme au visage peu avenant vint leur ouvrir.
– Je suis Mme Taylor, dit-elle. Susan est dehors, en train de monter à cheval. Elle ne devrait pas tarder. Entrez, mais d'abord essuyez-vous bien les pieds.
À travers la porte d'entrée grande ouverte, on entrevoyait l'immense vestibule, et, au fond, le salon. Le parquet, d'un bois couleur de miel, brillait comme un miroir, et les murs étaient d'une blancheur éclatante.
À l'exception de quelques caisses impecca-

blement alignées dans un coin, la pièce était presque vide. Cathy ne put s'empêcher de penser au salon si accueillant de ses parents, avec ses tapis rouges et son feu de bois. Elle frissonna.

À cet instant, un bruit de sabots résonna dans la cour : Susan rentrait de sa promenade.

Quand ils s'approchèrent, Cathy n'en crut pas ses yeux : Susan montait Prince !

Cathy descendit en courant les marches de la véranda et entoura le poney de ses bras.

– C'est toi, murmura-t-elle en pressant son visage contre la crinière du poney. Tu m'as tellement manqué…

Elle leva les yeux vers Susan, le regard brillant.

– Prince est un merveilleux poney, dit-elle avec émotion.

– Parce que tu le connais ? lança Susan.

Cathy approuva de la tête :

– Prince et moi, nous sommes amis depuis des années. Pas vrai, mon grand ?

Prince hennit et frotta sa tête contre l'épaule de Cathy.

– Je me demandais à qui Mme Jackson l'avait vendu, poursuivit la jeune fille. Je suis si heureuse qu'il ait été acheté par quelqu'un du village ! Comme ça, je pourrai continuer à le voir ! Si tu veux bien, évidemment ! Il est adorable, non ?

Cathy s'interrompit soudain. Susan la regardait avec dureté.

– Oui, c'est vrai, répondit-elle d'un ton revêche. Mais c'est mon poney.

Elle mit pied à terre tandis que Cathy retenait Prince par la bride. Elle passa sa main sur son flanc. Il avait transpiré.

– Sa robe est humide, il faut que tu le bouchonnes, conseilla-t-elle à Susan. Jane le faisait toujours après l'avoir monté.

– Je me moque de ce que faisait Jane ! s'emporta Susan. C'est mon poney à présent. Tu n'as pas à me dire comment je dois m'en occuper.

Sidérée, Cathy dévisagea la jeune fille.

– Mais… il a chaud, balbutia-t-elle.

– Jim va s'en occuper, n'est-ce pas, madame Taylor ?

– Si toutefois j'arrive à le trouver, répondit celle-ci d'un air hautain.
– Allons, venez ! reprit Susan. Le goûter doit être prêt.
– J'allais justement le servir, confirma Mme Taylor.
Cathy caressa une dernière fois Prince.
– À bientôt, lui murmura-t-elle à l'oreille.

5

Le goûter préparé par Mme Taylor était excellent. Cathy et James se régalèrent : ils mangèrent des brioches croustillantes, du chocolat et des petits fours maison.

– C'était vraiment délicieux ! s'exclama Cathy, quand ils eurent fini de manger.

Susan se leva avec indifférence et se tourna vers James :

– Est-ce que ça te dirait de voir mon nouvel ordinateur ?

Le visage du garçon s'éclaira. Il adorait les ordinateurs.

Ils montèrent tous les trois dans la chambre de Susan. Elle aussi était immense. Un tapis épais et moelleux recouvrait le sol, mais les murs étaient nus : pas une affiche, pas une photo.
Cathy ne s'intéressait pas beaucoup à l'informatique, et elle trouva vite le temps long. Elle passa devant la fenêtre qui donnait sur la cour et s'arrêta net. Elle plissa le front : Prince était toujours dehors ! C'était très mauvais pour lui de rester ainsi immobile, sans soins, après avoir eu si chaud.
Cathy se glissa hors de la chambre aussi discrètement que possible. Elle descendit l'escalier en courant. Dans la cuisine, Mme Taylor s'affairait près du four. Elle se retourna quand Cathy entra.
– Madame Taylor, dit la jeune fille, je vais emmener Prince aux écuries et le bouchonner, si cela ne vous ennuie pas.
Mme Taylor la regarda et marmonna :
– Ce poney est encore là ? J'avais l'intention de chercher Jim après vous avoir servi le goûter, mais ça m'est complètement sorti

de la tête. Allez-y, jeune fille, et bouchonnez-le. D'autant qu'il a déjà un rhume... Du moins, c'est ce que dit mademoiselle Susan.

– Un rhume? s'alarma Cathy.

Mme Taylor sortit un gâteau du four et le posa sur la table.

– Il tousse, paraît-il, mais je ne m'y connais pas en chevaux. Jim non plus, d'ailleurs.

Cathy traversa le vestibule en courant et sortit dans la cour. Un vent frais s'était mis à souffler. Elle s'approcha du poney et posa doucement la main sur sa robe. Elle était humide.

– Viens, mon beau, dit-elle en attrapant les rênes, suis-moi.

Elle trouva dans les écuries ce dont elle avait besoin: un nécessaire de pansage, du foin, de l'eau en abondance et de la paille. Tout en admirant les stalles qui l'entouraient, Cathy se demanda si Prince ne regrettait pas le vieil appentis du verger de Mme Jackson, la brise qui murmurait dans les arbres et l'odeur d'herbe tendre.

D'un geste rapide, elle retira la selle et le harnais du poney, et suspendit l'attirail à son crochet. Puis elle se mit à frotter énergiquement sa robe avec de la paille et, pour terminer, lui donna un bon coup de brosse.

– Voilà qui est mieux ! souffla-t-elle enfin, satisfaite.

Prince était sec à présent. Par deux fois, pourtant, il toussa.

Sans cesser de parler au poney, Cathy remit de l'ordre autour d'elle. Des grains de poussière s'élevaient du tas de foin et dansaient dans la lumière.

La silhouette d'un homme robuste se dessina alors dans l'encadrement de la porte restée ouverte :

– Bonjour, je suis Jim, le jardinier. J'ai entendu du bruit…

Cathy sourit :

– Moi, c'est Cathy, je suis une copine de classe de Susan. Je viens de bouchonner Prince. Mais il a attendu longtemps dans la cour. J'espère qu'il n'a pas pris froid.

– Personne ne m'a averti qu'il était là.

D'habitude, je le ramène à l'écurie dès que mademoiselle Susan a fini de le monter.
– Et vous le sortez quand il fait beau ? demanda la jeune fille.
– Ça, elle ne veut pas ! C'est qu'elle y tient, à ce poney ! Il doit rester bien au chaud, dans l'écurie.
Cathy soupira et regarda Prince.
– Il a toussé plusieurs fois, lui apprit-elle.
Le jardinier hocha la tête :
– Mademoiselle Susan dit qu'il a pris froid. Peut-être… Je ne m'y connais pas beaucoup en chevaux. Si ça se trouve, il tousse à cause des travaux dans l'écurie. Elle a été repeinte, et la peinture fraîche a rendu les lieux humides.
– Ça a l'air d'aller, maintenant, poursuivit la jeune fille. Surtout évitez de le doucher ces jours-ci !
– Petite « mademoiselle-je-sais-tout », ironisa une voix derrière Cathy, qu'est-ce que tu fais ici, avec mon poney ?
Susan la considérait d'un œil noir, mains sur les hanches.

– Je l’ai simplement bouchonné, expliqua Cathy sans se laisser impressionner. Mme Taylor m’a dit qu’il avait pris froid.

Susan fronça les sourcils :

– C’est juste un petit rhume de rien du tout ! Quand je l’ai monté cet après-midi, il n’a pas toussé une seule fois.

Cathy insista :

– Prince a toujours été en bonne santé. Je pense que mon père devrait l’examiner par précaution.

– Écoute, je t’ai déjà demandé de ne pas te mêler de mes affaires. C’est mon poney, pas le tien. Tu n’as pas de conseil à me donner.

Cathy, rouge de colère, s’apprêtait à répliquer quand James apparut.

– On rentre ? proposa-t-il à son amie.

– D’accord, approuva celle-ci en s’efforçant de rester calme. Tu sais, Susan, je voulais seulement t’aider…

Susan toisa Cathy et se planta à côté de Prince avec un air de défi.

Cathy haussa les épaules et se dirigea vers la cour. Tout à coup, elle se retourna.

– J'allais oublier ! Papy demande si tu peux amener Prince pour essayer les obstacles du concours, demain, dit-elle, presque à regret. C'est pour vérifier si les distances sont bien calculées.

Susan avait passé ses bras autour de l'encolure du poney.

– On verra, répondit-elle.

6

Cathy se leva tôt le lendemain matin et courut immédiatement vers la salle de soins. Elle voulait savoir comment se portait Pâquerette.

M. Hope était déjà en pleine activité.

– Tu es bien matinale ! remarqua-t-il.

Cathy passa un bon moment à nettoyer les cages des animaux. Elle s'interrompit pour aider son père à changer le pansement de la patte arrière de Pâquerette. Le vétérinaire saisit la petite chatte et la maintint fermement au creux de son bras, tandis que Cathy passait un peu de pommade sur la vilaine entaille.

– Voilà, dit-elle doucement. Il ne faudra plus t'amuser au milieu des outils, petite canaille !

Pâquerette miaula et essaya de lécher sa patte pour retirer la pommade, mais M. Hope lui refit son pansement avant qu'elle n'y parvienne.

– Alors, raconte-moi : comment va Prince ? demanda-t-il à sa fille.

Cathy reposa le chaton dans sa cage et le caressa une dernière fois :

– Susan descendra peut-être au champ de foire, ce soir. Je pensais que…

– … Je pourrais passer par là tout à fait par hasard, continua M. Hope, et examiner Prince, mine de rien.

Cathy approuva d'un battement de cils.

– Susan s'occupe bien de lui, au moins ? s'informa M. Hope, alerté par le silence de sa fille.

Cathy se mordit la lèvre. Elle était trop anxieuse pour dissimuler la vérité :

– Le jardinier est chargé de prendre soin de lui, mais il ne s'y connaît pas en chevaux.
– Prince a toujours été en parfaite santé, lui rappela M. Hope. Je lui ai rendu visite, il y a quelques semaines, quand Mme Jackson a décidé de le vendre, et il n'avait aucun problème.
– Je sais, soupira Cathy. Seulement, je l'ai entendu tousser…
M. Hope dit d'un ton rassurant :
– Les poneys sont très sensibles. Parfois, changer d'écurie suffit à les troubler. Sa toux n'est pas forcément inquiétante. Prince a surtout besoin de temps pour s'habituer à sa nouvelle vie.
– En tout cas, Prince était très heureux de me voir, affirma la jeune fille.
– C'est qu'il te connaît bien. Cela peut lui remonter le moral. Ne t'en fais pas, je l'examinerai aussitôt que l'occasion s'en présentera, je te le promets.

Cathy et son père donnaient les derniers soins aux pensionnaires de l'Arche des

animaux quand Mme Hope passa la tête dans l'entrebâillement de la porte.
– Nous avons de la visite ! annonça-t-elle.
C'était la grand-mère de Cathy. Elle entra en brandissant une lettre d'un air triomphal :
– Elle est d'accord !
Cathy la regarda avec étonnement :
– Qui ça ? Pour quoi ?
– Miranda Jones ! Je lui ai écrit pour lui proposer de remettre les prix à la foire de Welford, et elle accepte !
Mamy secouait la lettre avec frénésie.
– Ouh là là, j'en connais une qui ne va pas être contente ! fit Cathy.
– Mme Ponsonby ! compléta sa mère.
Et toutes trois éclatèrent de rire.
C'était Mme Ponsonby qui remettait habituellement les prix de la foire, depuis près de vingt ans. Nul doute qu'elle serait scandalisée de ne plus être la vedette et qu'il lui faudrait autant d'années pour se remettre de ce choc !
M. Hope intervint :
– Pardonnez mon ignorance, mais qui est Miranda Jones ?

– Oh ! Adam ! s'écria Mamy, offusquée. Une si grande actrice !
– C'est la mère de Susan, précisa Cathy.
– Et, désormais, une célébrité locale ! ajouta Emily Hope.
La grand-mère de Cathy sortit de son sac un rouleau d'affiches et un gros paquet de prospectus. Elle déroula une des affiches. En haut, en grosses lettres, il était écrit : « Foire de Welford ». Suivait la liste des différents événements. Elle pointa son index sur quelques mots en bas de page : « Les prix seront remis par… ».
– Le comité a préféré laisser un blanc en attendant la réponse de notre invitée d'honneur, commenta-t-elle. Maintenant, tout ce qu'il nous reste à faire, c'est de le remplir en écrivant « Miranda Jones ». Ensuite, nous pourrons commencer à coller les affiches et à distribuer les prospectus.
– Mais il y en a pour des heures ! Tu n'arriveras jamais à terminer pour ce week-end ! s'exclama Cathy.
Les yeux de Mamy se mirent à briller :

– Je me suis dit que tu me donnerais un coup de main… Il te suffit de distribuer des prospectus à l'école et de placer quelques affiches entre ici et Welford. Qu'en penses-tu ?

Cathy était enchantée du tour qu'elles allaient jouer à Mme Ponsonby :

– J'accepte !

7

Sur le chemin de l'école, Cathy eut une agréable surprise : en passant près des Hêtres, elle aperçut Prince dans l'enclos, devant la maison. Il ruait et caracolait gaiement dans le champ.

– Regarde ! cria-t-elle à James.

Ils arrêtèrent leurs bicyclettes au bord de la route.

Cathy se pencha par-dessus la barrière et appela le poney. Ses oreilles se dressèrent, et il vint vers elle au petit trot. La jeune fille passa les bras autour de son cou.

– Salut, Prince ! murmura-t-elle.

Le poney s'ébroua et lui souffla dans les cheveux.

Cathy se mit à rire :

– Tu me chatouilles !

– Partons ! Quelqu'un arrive, signala James, qui n'avait pas du tout envie d'affronter Susan de si bon matin.

Cathy leva la tête. C'était Jim, le jardinier, qui traversait l'enclos et se dirigeait vers eux.

– Il faut que je le rentre, maintenant, dit-il. Je le laisse vagabonder le temps de nettoyer son écurie. Je n'ai pas souvent l'occasion de le faire.

Cathy caressa le front de Prince.

– Quel dommage ! commenta-t-elle. Il a l'air si heureux dehors !

– Ce sont les ordres de mademoiselle Susan, expliqua Jim. Elle ne veut pas que son rhume empire.

– Mmm..., lâcha Cathy. Je suis tout de même soulagée de le voir ainsi : il va beaucoup mieux.

À peine arrivée à l'école, elle s'empressa d'aller trouver Susan.

– J'ai aperçu Prince dans son enclos, lui dit-elle avec un grand sourire. Il va très bien !

Susan fronça les sourcils.

– Mais il ne doit pas sortir ! s'écria-t-elle. Je veux qu'il soit en pleine forme pour la foire de Welford.

– Tu as décidé de concourir ? demanda Cathy.

Susan releva le menton avec défi :

– Bien sûr. Après tout, c'est ma mère qui remet les prix. Je vais m'inscrire au concours, et je gagnerai !

Cathy passa une partie de la journée, entre les cours, à écrire « Miranda Jones » en grosses lettres sur les affiches et les prospectus. Susan, qui avait bien vu ce qu'elle faisait, ne lui proposa pas de l'aider.

En fin d'après-midi, toutes les affiches étaient prêtes à être collées dans les villages et dans les fermes des environs. Sur le chemin du retour, Cathy et James en placèrent à chaque embranchement. Ils collèrent la dernière devant le pub du village.

– Celle-là, personne ne pourra la manquer ! s'exclama Cathy.

– Confiez-moi aussi quelques prospectus, je les mettrai en évidence, proposa M. Hardy, le propriétaire du pub.

– Merci beaucoup, dit Cathy en lui en tendant une liasse.

– Asseyez-vous et reposez-vous un peu, vous devez être fatigués. Je vais vous chercher un verre de limonade.

Les deux amis rangèrent leurs bicyclettes contre le mur et s'installèrent à la terrasse du pub. Un instant plus tard, M. Hardy revint avec deux verres pleins et deux paquets de chips.

– Après l'effort, le réconfort ! leur lança-t-il gaiement.

Cathy et James savourèrent lentement leur limonade fraîche. La jeune fille aurait bien prolongé cette pause au soleil, mais elle était impatiente de retrouver Pâquerette. Au bout d'un moment, elle n'y tint plus. Elle se leva.

– Je retourne à l'Arche. On se retrouve tout à l'heure, James !

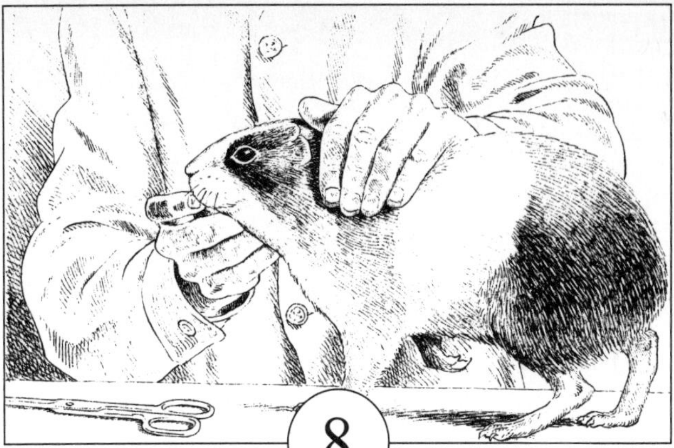

8

Il y avait un nouveau patient à l'Arche des animaux. C'était le cochon d'Inde de Johnny Foster.

– Va donc le voir, l'encouragea Simon. Ton père ne dira rien. Johnny est venu avec trois de ses amis.

Cathy se glissa dans la salle de soins. Elle s'approcha de la table autour de laquelle se pressaient les quatre garçons.

– Que lui arrive-t-il ? demanda-t-elle.

– Il perd du poids, l'informa M. Hope.

Il se tourna vers Johnny :

– Que lui donnes-tu à manger ?
Johnny se redressa fièrement.
– Ce qu'il y a de mieux, affirma-t-il. Des carottes, de la laitue et des pommes. Mais il refuse toute nourriture, et il maigrit de jour en jour...
M. Hope sourit et posa sa main sur l'épaule de Johnny :
– Ne t'inquiète pas, ce n'est pas grave. Regarde ces dents !
Le vétérinaire désigna les deux longues incisives de l'animal :
– Leurs dents ne sont pas comme les nôtres. Elles poussent en permanence et, quand elles deviennent trop longues, l'animal ne peut plus manger. Les cochons d'Inde ont de temps en temps besoin de les user en rongeant un bout de bois, par exemple.
– Est-ce qu'il va devoir aller chez le dentiste ? s'alarma le garçon.
M. Hope se mit à rire :
– Non ! Je vais les lui rogner. Il ne sentira rien ! C'est comme lorsqu'on te coupe les ongles.

Johnny ne semblait pas convaincu.
– Écoute, ajouta M. Hope, tu vas regarder, et si tu penses que je lui fais mal, je m'arrêterai sur-le-champ.
Il confia le cochon d'Inde à Cathy et choisit une paire de petites pinces stérilisées. Deux coups secs, et c'était terminé. Cathy chatouilla le cochon d'Inde sous le menton ; puis elle le tendit à Johnny.
Celui-ci plongea sa main dans sa poche et en sortit un morceau de carotte. Le cochon d'Inde s'en empara aussitôt. Le visage de Johnny s'éclaira.
– Et, surtout, donne-lui quelque chose de dur à ronger, lui rappela M. Hope.
Les quatre garçons quittèrent ensemble la salle de soins en commentant l'intervention.
– Bien nourrir les animaux est une chose importante, fit M. Hope d'un air sérieux, mais il ne faut pas en oublier son propre estomac ! C'était mon dernier patient. Allons nous occuper du dîner, Cathy. Ta mère a passé la journée dehors, et elle sera épuisée quand elle rentrera.

Cathy et son père s'affairaient dans la cuisine quand Mme Hope arriva.

– Vous êtes merveilleux ! s'exclama-t-elle, en s'asseyant à table.

Ils bavardèrent tranquillement tout au long du dîner.

– Alors, ma chérie, fit M. Hope en servant le dessert, où en es-tu de ton discours ?

– J'ai enfin terminé de le rédiger, soupira Mme Hope. Il ne me reste plus qu'à l'apprendre par cœur !

– Qu'est-ce que c'est que ce discours, maman ? voulut savoir Cathy.

– On m'a demandé d'intervenir lors de la rencontre entre vétérinaires qui se tient à York, samedi.

– Samedi ! s'écria Cathy. Mais… tu vas manquer la foire !

– Malheureusement, oui. Tu sais, c'est une rencontre cruciale, qui n'a lieu que tous les deux ans, précisa Mme Hope. J'ai choisi de parler des allergies. Les animaux, tout comme les hommes, en développent de plus en plus. C'est un vrai

problème, pour les éleveurs en particulier.
– Comment les reconnaît-on ?
La mère de Cathy haussa les épaules :
– Elles se manifestent de différentes façons. Par des éruptions cutanées, des maux d'estomac, des problèmes respiratoires… Mais il y en a une qui m'intéresse plus particulièrement. Elle s'appelle l'O.C.P.
– L'O.C.P. ? Qu'est-ce que c'est que ce charabia ?
– C'est l'œdème chronique du poumon. C'est compliqué à expliquer. On dit aussi « le souffle court ». Marquis, par exemple, le cheval de trait de Dan Venables, en est atteint. En fait, il est allergique au foin.
Mme Hope s'étira comme un chat.
– Eh bien ! dit-elle en bâillant. Après cette petite répétition, je crois que je vais aller me coucher !
M. Hope se pencha vers sa fille :
– Me voilà désigné de garde pour ce soir ! dit-il, faisant mine de râler.
– Quel dommage ! Tu ne pourras pas venir

voir Prince au champ de foire… Tant pis ! Je l'ai aperçu ce matin en allant à l'école, et il avait l'air de s'être rétabli.

9

James attendait Cathy assis sur le muret qui entourait le champ où devait se tenir la foire.

– Dépêche-toi ! lança-t-il, impatient, en la voyant arriver.

La jeune fille grimpa sur le muret et regarda de l'autre côté. Le spectacle en valait la peine : plusieurs tentes étaient installées, des fanions colorés flottaient au-dessus des tables à tréteaux dressées en bordure du champ. Partout, des groupes de gens s'affairaient, montant des stands, délimitant des espaces pour le concours hippique et pour la tombola.

À l'extrémité du champ, Cathy aperçut son grand-père. Il empilait des balles de foin, aidé de son vieil ami, Walter Pickard. Elle les salua d'un geste et entraîna James vers eux.

– Alors, vous êtes prêts à nous donner un coup de main ? leur demanda Papy.

Cathy et James approuvèrent, et Papy leur tendit à chacun un seau et une brosse :

– Parfait ! Voici votre tâche : nettoyer ces obstacles. Ils doivent être impeccables pour samedi.

Les deux amis se mirent au travail. Les obstacles étaient disposés en cercle autour du terrain. Ils frottèrent avec énergie les barres rouge et blanc posées entre les piquets ; bientôt, elles redevinrent brillantes, et même le mur de briques peintes retrouva meilleure allure. Ils avaient presque terminé quand Cathy entendit une voiture s'approcher. Un van vert foncé, remorqué par une Jaguar bleue, entrait dans le champ.

Cathy posa sa brosse et interpella son ami :

– James ! Voilà Susan avec Prince.
M. Collins ouvrit le van et fit glisser la rampe. Prince s'avança. Il huma l'air du dehors et toussa.
– Je croyais qu'il n'était plus malade, murmura Cathy.
Susan prit Prince par le licou et l'attacha à une barrière. Puis elle se dirigea vers le grand-père de Cathy.
Cathy s'élança vers le poney. Comme elle se rapprochait de lui, il toussa de nouveau. La jeune fille posa la main sur son flanc. Il était chaud et sec. Tandis qu'elle caressait le dos du poney, un peu de poussière de foin s'éleva de sa robe.
– Il a besoin d'un bon coup de brosse, nota James.
Mais Cathy ne l'écoutait pas. Elle pressait l'oreille contre le flanc de Prince et écoutait attentivement son souffle. La respiration du poney lui semblait curieuse : elle était sifflante et saccadée.
Troublée, elle se tourna vers James.
– Qu'est-ce qu'il y a ? demanda son ami.

Cathy secoua la tête, indécise, en frottant les naseaux du poney. Prince tourna ses oreilles vers elle.

– Ça va mieux, mon beau ? chuchota-t-elle.

Le poney fourra sa tête dans le creux de son épaule et hennit.

– C'est bizarre… Je suis sûre que sa respiration n'était pas normale, il y a un instant.

– Attention ! Susan arrive, la prévint James.

La cavalière traversait le champ à grandes enjambées, une selle sur le bras.

– Je vais essayer les obstacles, leur annonça-t-elle.

– Si tu veux, je peux t'aider à te mettre en selle, proposa Cathy.

Elle crut que Susan allait refuser son aide une fois de plus, mais celle-ci accepta, tout en lançant la selle sur le dos de Prince. Ensemble, elles ajustèrent la sangle et les étriers.

– Il tousse encore un peu, l'informa Cathy en mesurant ses paroles.

– Je sais, dit Susan.

Elle paraissait ennuyée.

– Peut-être qu'il a pris froid lorsque Jim l'a laissé dehors, ajouta-t-elle. Mais, là, il semble plutôt bien, non ?

Cathy dut en convenir.

– Il faut que tu l'observes attentivement sur le parcours, conseilla-t-elle. Si tu as l'impression qu'il n'est pas prêt, il vaut mieux ne pas le faire sauter.

Susan la regarda, incrédule.

– Tu veux dire : ne pas participer au concours ? s'écria-t-elle. C'est impossible. Je dois absolument gagner !

10

Susan s'interrompit. Le grand-père de Cathy s'approchait, accompagné de Walter Pickard.

– Pourrais-tu commencer par un petit tour tranquille ? demanda Tom Hope à Susan. Juste pour voir si nous avons bien mesuré les distances. Ensuite, tu sauteras les barrières.

Cathy regarda Susan emmener Prince. La cavalière montra d'abord chaque obstacle au poney. Elle lui fit faire le tour du champ de course en passant les obstacles au pas, pour en apprécier la disposition. Elle le poussa progressivement au trot, puis au petit galop. Prince franchit les deux premiers obstacles aisément. Il s'éleva dans les airs, ses sabots à quelques centimètres de la barre horizontale. Mais il commit une faute sur le troisième. Susan revint en arrière pour le passer de nouveau. Cette fois, Prince esquiva l'obstacle par un écart. Susan le ramena au pas de promenade.

– J'ai l'impression que celui-ci est trop à l'extérieur, déclara-t-elle.

Papy et Walter se consultèrent et déplacèrent légèrement l'obstacle.

– Essaie comme ça ! cria Tom Hope à la jeune fille.

Susan s'approcha lentement, donnant à Prince la possibilité de refuser l'obstacle. Il passa par-dessus avec une légèreté incroyable.

Prince eut quelques difficultés à franchir le cinquième obstacle, qui était constitué de balles de foin amoncelées. Susan essaya plusieurs fois de suite. Prince finit par se lancer, mécontent qu'on le force. Il détourna la tête, tirant sur le mors pendant le saut.

La suite du parcours se déroula sans incident. Susan se pencha en avant pour l'encourager tandis qu'ils franchissaient le dernier obstacle. Prince avait l'air parfaitement bien, à peine essoufflé. Susan l'avait laissé courir à son aise, lui donnant tout le temps dont il avait besoin.

– Elle monte drôlement bien, tu ne trouves pas ? commenta James.

Cathy hocha la tête, un peu surprise. Susan était en effet une très bonne cavalière ; mais elle s'en vantait tellement elle-même que Cathy n'avait pas du tout envie de la féliciter.

– Elle est meilleure que Barry Prescott, se contenta-t-elle d'observer.

Susan s'apprêtait à repartir pour un tour complet. Elle ajusta ses rênes et dirigea Prince vers le premier obstacle.

Cathy retint son souffle. Susan et le poney ne faisaient plus qu'un. En les voyant franchir les obstacles avec une telle aisance, on

avait peine à s'imaginer que Prince puisse manquer un saut.
Mais, alors qu'ils se dirigeaient vers les balles de foin, Prince releva brusquement la tête. Il essayait d'éviter l'obstacle. Cathy vit la bouche de Susan se crisper. La cavalière serra les doigts sur les rênes et donna un coup de talons contre les flancs du poney. Celui-ci sauta, les yeux affolés.
Ils poursuivirent leur course, se préparant à affronter les trois derniers obstacles. Prince les sauta sans difficulté, et Cathy se précipita aussitôt vers l'arrivée, imitée par James.
– Que se passe-t-il ? cria le garçon en courant à toutes jambes pour ne pas se laisser distancer par son amie.
– Tu n'as pas vu ses yeux ? lui répliqua Cathy. Il n'est pas content du tout !
Susan ramenait Prince au pas.
– Il sera sûrement le meilleur ! lança-t-elle à Cathy et à James.
Cathy posa sa main sur le flanc du poney. Ses côtes se soulevaient violemment.

– C'était trop pour lui, dit-elle. Il est tout essoufflé.
– Oh, ça suffit ! s'énerva Susan. Il vient juste de faire un tour complet. Tu crois que tu ne serais pas épuisée après avoir couru comme lui ?
Cathy se renfrogna. Elle avait vu Jane sauter sur Prince de nombreuses fois. Jamais il n'avait respiré avec autant de difficulté.
Tom Hope et Walter Pickard les avaient rejoints.
– Bravo, dit Walter. Merci pour ton aide, Susan.
Susan lui sourit :
– C'est un bon sauteur, hein ?
Le vieil homme hocha la tête :
– Le seul poney qui soit aussi bon, c'est celui de Barry. C'est lui qui remporte toujours le prix de la course d'obstacles.
Cathy remarqua que son grand-père observait le poney. Prince n'avait pas récupéré, et M. Hope scrutait ses flancs d'un air inquiet.
Susan se laissa glisser du dos de Prince :
– Eh bien, cette année, Barry ne gagnera

pas ! conclut-elle avec assurance. À présent que je sais que Prince peut sauter sans faute, je vais l'entraîner à courir plus vite.

Alors que Susan ramenait son poney vers le van, Cathy la héla. Susan se retourna avec humeur :

– Quoi encore ?

Cathy prit une profonde inspiration :

– Ne pousse pas trop Prince pendant le concours, d'accord ?

– Tu es jalouse, hein, c'est ça ? ricana Susan. Je gagnerai, Cathy. Prince est juste un peu enrhumé. Je remporterai le prix, que ça te plaise ou non !

11

Le jour de la foire arriva enfin. Cathy avait hâte de revoir Prince. Elle bondit hors de son lit et, une fois prête, elle descendit et poussa la porte de la clinique.
Mme Hope se préparait pour sa conférence sur les allergies, et son mari se livrait à l'inspection matinale des patients de tout poil.
– Je m'inquiète toujours pour Prince. Il est bizarre, dit Cathy.
– Je l'examinerai dès mon arrivée à la foire, lui promit M. Hope.
La jeune fille se sentit soulagée. Elle savait

que son père ne laisserait pas concourir Prince si le poney n'était pas en pleine forme.

– Quels sont ses symptômes ? s'enquit Mme Hope.

– Il s'essouffle beaucoup à l'obstacle.

– Sauter est un dur travail ! commenta M. Hope en riant.

Cathy secoua la tête.

– Bien sûr, dit-elle lentement, mais il tousse quand il est au repos... et il a du mal à respirer.

Mme Hope, qui avait fini de ranger ses papiers, regarda sa montre :

– Il faut que j'y aille !

Elle semblait hésiter, ses affaires à la main.

– Tu sais, Cathy, lâcha-t-elle pensivement, ce pourrait bien être une allergie.

– Et c'est grave ? s'inquiéta la jeune fille.

Sa mère fronça les sourcils :

– Quelquefois, oui. Cela dépend du type d'allergie. C'est assez compliqué.

M. Hope se tourna vers sa femme :

– Je ne tiens pas à te mettre à la porte, mais tu vas être en retard ! Et cessez de vous faire du souci, toutes les deux, je m'occupe de Prince !

– Tu as raison, approuva Mme Hope en consultant encore une fois sa montre. Aïe ! Je file !

Cathy et son père l'accompagnèrent à la porte et lui souhaitèrent bonne chance.

– Tommy passe chercher ses hamsters ce matin, annonça M. Hope à sa fille alors qu'ils revenaient vers la salle de soins.

Tommy était le petit-fils de Walter Pickard. Il avait donné du chewing-gum à ses hamsters, et les petites bêtes s'en étaient mis partout. M. Hope avait été obligé de leur raser une partie de la fourrure.

– Le plus drôle, c'est qu'il a quand même l'intention de les exposer au stand des animaux domestiques..., conclut le vétérinaire, amusé.

Quand James arriva, à neuf heures et demie, Cathy et son père avaient fini de soigner tous les pensionnaires de l'Arche.

James avait emmené Blackie, son labrador.

M. Hope lui donna une tape amicale.
– Alors, ces tours d'adresse, James ? demanda-t-il.
Les yeux du garçon brillèrent.
– Regardez, s'exclama-t-il. Blackie, c'est l'occasion de montrer tes talents ! On va faire une petite démonstration !
Il prit un gros os rouge dans sa poche, le passa sous le nez de Blackie, puis disparut dans le vestibule. Il revint sans os et ordonna à Blackie :
– Allez, cherche !
Le labrador leva la tête vers lui, remua la queue, aboya et lui lécha la main.
– Cherche ! répéta James.
Blackie aboya de nouveau, et sa queue remua encore plus fort.
M. Hope éclata de rire :
– Tu as mis beaucoup de temps pour en arriver là ?
Au même moment, le téléphone sonna. M. Hope alla répondre. Il posa quelques questions rapides, puis raccrocha et se tourna vers sa fille :

– Je suis désolée, Cathy, je ne vais pas pouvoir examiner Prince avant la course. On m'attend pour une urgence dans une des fermes de la lande.

La jeune fille pâlit.

– Oh non…, gémit-elle.

12

Cathy et James sautèrent sur leurs vélos et se mirent à pédaler vers le champ de foire. L'église du village et, derrière, les toits des tentes et les fanions colorés furent bientôt en vue.

Les deux amis longèrent les allées à toute vitesse. Ils virent Jane, la réceptionniste de l'Arche des animaux, et Mme Ponsonby, qui arborait pour l'occasion un nouveau chapeau.

Mais Cathy voulait arriver au parcours d'obstacles le plus vite possible. Elle ne s'arrêta même pas au stand des bonbons et des biscuits !

Susan n'était pas encore là.

Cathy aperçut soudain la Jaguar bleue, qui venait de se garer en silence. Une jolie femme, vêtue d'une élégante robe à fleurs, descendit de la voiture. Ça ne pouvait être que la mère de Susan. Elle ne passait pas inaperçue ! Des badauds la remarquèrent et l'entourèrent en brandissant des bouts de papier. L'actrice se prêta volontiers à une séance de dédicaces improvisée.

Susan sortit de la voiture. La cavalière s'était mise sur son trente-et-un. Ses cheveux étaient soigneusement relevés sous sa bombe et ses bottes d'équitation, parfaitement astiquées, brillaient. Elle se dirigea vers le van et fit glisser la rampe.

Cathy ne quittait pas Prince des yeux tandis qu'il descendait le plan incliné.

– Qu'est-ce qu'on peut faire ? demanda James.

– Essayons de parler à Susan, proposa Cathy. Mais ça m'étonnerait qu'elle nous écoute !

Ils marchèrent jusqu'au van et saluèrent Susan, qui leur jeta à peine un regard. Cathy observa le poney. Ses flancs se soulevaient à un rythme rapide et saccadé, et il toussa. La jeune fille rassembla son courage :

– Je crois que Prince ne devrait pas sauter.

Susan releva la tête.

– Tu n'abandonnes donc jamais ! C'est tout ce que tu as trouvé pour me gâcher la journée ? lança-t-elle avec agacement.

Cathy poursuivit, sans tenir compte du ton malveillant de son interlocutrice. Seule comptait la santé de Prince.

– J'ai l'impression qu'il n'est pas très en forme. Il respire mal.

– Je sais que tu ne veux pas que je gagne...

– Mais non ! protesta Cathy.

Peine perdue ! Susan ne l'écoutait plus.

– Tu vas voir, lança-t-elle, les dents serrées, Prince est le meilleur, et c'est moi qui vais gagner le prix. Je ne déclarerais forfait pour rien au monde. Surtout pas aujourd'hui.

Un éclair passa dans ses yeux.

– Je veux que maman soit fière de moi,

reprit-elle d'une voix assourdie.
C'était donc ça ! Voilà pourquoi Susan tenait tant à remporter l'épreuve. Cathy était bouleversée.
– Écoute, Cathy, dit Susan sur un ton un peu radouci, je dois rejoindre maman. Peux-tu t'occuper de Prince ? J'ai le temps, je suis dans le troisième groupe.
Cathy accepta. Elle suivit la cavalière du regard alors que celle-ci traversait le champ à grandes enjambées. Puis elle s'approcha de Prince et appuya la tête contre son encolure.
– Comment va-t-il ? demanda James.
– Je n'en sais rien, avoua-t-elle. J'aimerais tant que papa soit là !
James fronça les sourcils.
– Je vais voir s'il est de retour, décida-t-il.
Cathy acquiesça, et son ami partit en courant.
Cathy était très inquiète. Son père n'arrivait pas ; et elle savait maintenant qu'il n'y avait aucune chance pour que Susan renonce à concourir. Elle tenait trop à gagner devant sa mère !

La jeune fille cherchait désespérément une solution ; mais il lui restait si peu de temps ! Le haut-parleur annonça le début du concours hippique. On demandait au premier groupe de cavaliers de se rassembler. Il fallait agir, et vite !

Elle prit le poney par la bride pour le guider vers le parcours. Le temps était frais, et une brise légère s'était levée. Cathy posa sa main sur les flancs du poney : il respirait mieux, à présent, et il ne toussait plus.

– Comment va notre petit ami ? fit une voix derrière elle.

C'était son grand-père. Il donna une tape amicale à Prince :

– Il nous manque, à ta grand-mère et à moi ! Nous avions pris l'habitude de le voir, dans le jardin des Jackson.

Il se gratta la tête :

– Ça me fait penser que je dois m'assurer que Marquis est suffisamment éloigné des balles de foin. Le pauvre vieux, avec son allergie, il pourrait se sentir mal. Tu sais qu'un jour il s'est évanoui dans la grange ?

Heureusement, on l'a trouvé à temps… Il a failli en mourir !
Cathy fixait son grand-père. Elle venait de comprendre quelque chose. Tout s'emboîta dans son esprit. Elle regarda en direction du van : des paquets de foin s'en échappaient. Puis elle pensa à l'obstacle que Prince avait refusé de sauter et à sa nouvelle écurie, à l'atmosphère sèche et poussiéreuse qui y régnait…
– Alors ? Qu'as-tu décidé ? demanda James, qui revenait bredouille.
Cathy tourna vers lui un visage anxieux.
– Ça y est ! s'écria-t-elle. Tout s'éclaircit : Prince est bien allergique au foin ! Maman avait raison. Il se met à respirer péniblement dès qu'il reste enfermé dans le van ou dans son écurie.
Sur le champ de courses, le premier cavalier franchit la ligne de départ. Cathy suivit attentivement son parcours. Un obstacle passé, le second manqué, le troisième passé, puis un autre, puis les balles de foin. Comme les sabots du poney effleuraient

l'obstacle, des brindilles s'envolèrent. Cathy observait la scène avec angoisse : quand ce serait au tour de Prince, il y aurait des particules de foin partout.

– James, tu es prêt à m'aider ? demanda-t-elle à James, l'air résolu.

Le garçon la considéra avec méfiance :

– Oh là là !… Qu'est-ce que tu as encore inventé ?

– Toi et moi, on va enlever Prince, déclara Cathy. Et on le cachera jusqu'à la fin des épreuves !

13

– Enlever Prince ? répéta James. Tu te rends compte de ce que tu dis ? C'est de la folie !
À cet instant, les haut-parleurs grésillèrent, et on annonça le rassemblement du deuxième groupe des cavaliers.
Cathy hocha la tête :
– Il le faut ! Et s'il avait un malaise pendant le concours ? Et s'il mourait ? Maman dit que les allergies sont parfois très dangereuses. Tu as une autre solution ?
James soupira.

– D’accord, dit-il sans enthousiasme. Je te suis. Où va-t-on le cacher ?

Cathy scruta les environs en plissant le front. Ils ne pouvaient pas le dissimuler dans le champ. L’Arche des animaux était trop loin. En plus, ils croiseraient certainement quelqu’un sur la route.

Soudain, le regard de Cathy s’illumina.

– Là-bas, dit-elle en tendant le bras. Dans l’église.

– Cathy ! gémit James. Et comment comptes-tu faire pour t’échapper avec Prince ? Tout le monde va nous voir !

Cathy sourit avec espièglerie :

– Et si Blackie créait une diversion ?

– Je crains le pire ! fit James en secouant la tête. Bon, en piste, Blackie !

Tandis que James s’éloignait, Blackie sur les talons, Cathy commença à entraîner discrètement Prince en dehors du champ. Le souffle du poney effleurait doucement la joue de la jeune fille. Il respirait très calmement.

– Sois tranquille, mon beau, chuchota-

t-elle. Tu ne sauteras pas avant que papa ne t'ait examiné, je te le promets.
Le poney fourra sa tête contre son épaule, comme s'il comprenait. Cathy pressa le pas. Si elle arrivait jusqu'à la ceinture d'arbres qui bordait le cimetière sans qu'on la remarque, la partie serait gagnée. Mais il leur restait quelques dizaines de mètres à parcourir...
Soudain, au milieu des stands, un hurlement strident déchira l'air. C'était Mme Ponsonby. Un peu plus loin, Blackie détalait à toute vitesse, un superbe chapeau à fleurs dans la gueule ! En un instant, tous les regards s'étaient tournés vers la grosse dame qui gesticulait, et plusieurs personnes se lancèrent à la poursuite du labrador. Cathy sourit. « Bien joué, James », songea-t-elle.
Elle tira le poney en terrain découvert, le faisant marcher aussi vite que possible.
– Ce n'est plus très loin, Prince, murmura-t-elle. Encore un effort.
Peu après Cathy posa la main sur la lourde poignée de la porte de l'église, priant pour

qu'elle ne soit pas fermée. Le battant s'ouvrit, et Cathy poussa Prince à l'intérieur.

– Voilà, tu es en sécurité, maintenant. Nous allons rester ici jusqu'à ce que le concours soit fini.

Prince s'ébroua. La jeune fille appuya le front contre son encolure tiède, et passa une main sur le flanc du poney.

Cathy relâcha la sangle du harnais et lui enleva la selle. Elle regarda autour d'elle. Elle cherchait quelque chose avec quoi le bouchonner, car il risquait de se refroidir vite. Dans un recoin, elle découvrit des seaux, des balais et de vieux chiffons. Ils n'avaient pas l'air trop sales.

Cathy frotta Prince sans cesser de lui parler pour le rassurer. Il fallait qu'il retrouve sa température normale. Elle sentit qu'il se calmait. Sa robe était moins humide. « Pourvu que papa arrive vite ! » se dit-elle. Elle entendit alors un léger grattement, et la porte s'entrouvrit. Prise de panique, Cathy regarda autour d'elle. Elle ne pouvait se cacher nulle part ! Elle se campa entre Prince et la porte, prête à défendre le poney malade. Une ombre se profila sur le sol... James passa la tête par l'ouverture. Cathy soupira.

– James ! s'exclama-t-elle. Tu m'as fait peur !

– Comment va-t-il ?

– Un peu mieux, je l'ai réchauffé. Personne ne t'a suivi ? s'inquiéta la jeune fille.

Le visage de James s'allongea :

– Susan a tout compris, Cathy. Elle a averti le commissaire de piste, et ils te cherchent partout. Ce n'est plus qu'une question de minutes !

– Ils ne viendront pas ici, affirma Cathy. Ils n'auront jamais l'idée de chercher un poney dans une église !

James ne paraissait pas convaincu :

– Quand ils ne l'auront pas trouvé ailleurs, ils finiront bien par y penser.

Cathy regarda son ami droit dans les yeux :

– Tu es certain que personne ne t'a vu ?

Au même instant, on entendit un grincement. La jeune fille sursauta.

– Oh non ! s'écria James en rougissant.

Un petit groupe de gens apparut dans l'entrée de l'église. En apercevant Cathy et Prince, Susan pointa le doigt vers eux.

14

– Je vous l’avais dit ! Elle a emmené Prince ! lança Susan.

Cathy entoura de son bras l’encolure du poney pour le protéger.

– Il ne va pas bien, dit-elle fermement.

– Est-ce que vous vous rendez compte de ce que vous avez fait, jeune fille ?

Cathy reconnut la voix coléreuse du commissaire de piste, mais elle ne se laissa pas démonter.

– Prince n’est pas en état de sauter, répéta-t-elle avec véhémence.

Le commissaire de piste la dévisagea, étonné, puis regarda le poney :
– Il me semble en parfaite santé.
– C'est l'impression qu'il donne…, insista Cathy.
Elle se tut. Pourquoi son père n'était-il pas là ? Il aurait pu argumenter, lui, apporter des preuves…
– Ça suffit comme ça ! s'emporta Susan. Tout le monde voit que Prince n'a rien. Alors, arrête de dire n'importe quoi !
Cathy était désespérée. Personne ne la croyait ! Il ne lui restait plus qu'à essayer de gagner du temps en espérant que son père arrive vite.
Elle releva le menton avec assurance.
– Prince est atteint d'O.C.P., dit-elle d'une voix claire et distincte. C'est une maladie du poumon, un peu comme l'asthme. Je crois qu'il est allergique au foin.
Le commissaire de piste avait maintenant l'air exaspéré.
– Tu crois ! s'exclama-t-il. En attendant, tu as volé un poney. C'est une affaire grave !

– Ça pourrait être plus grave pour Prince si on le laissait sauter, rétorqua Cathy.
Elle jeta un coup d'œil autour d'elle, cherchant un signe d'encouragement. Son regard tomba sur le père de Susan. Il lui sourit gentiment :
– Je suis persuadé que ton intention était bonne, mais si le commissaire de piste ne voit rien d'anormal chez Prince... D'ailleurs, les propriétaires précédents nous ont assuré que le poney avait toujours été en bonne santé.
Cathy baissa la tête. Il n'y avait rien à ajouter. Elle savait qu'elle ne parviendrait pas à les convaincre.
Désemparée, elle suivit tristement des yeux Susan, qui emmenait Prince.
Cathy et James restèrent debout devant l'église alors que la petite troupe se dirigeait vers le parcours d'obstacles. Le speaker annonça que Barry Prescott avait accompli un parcours sans faute. Cathy en fut toute remuée : cela voulait dire que Susan ne l'emporterait que si Prince était plus rapide.

Elle devrait le pousser jusqu'à la limite de ses forces.
– Tu penses que Prince risque d'avoir un malaise ? demanda James à son amie, comme s'il avait lu dans ses pensées.
– Marcher jusqu'ici l'a essoufflé. Alors…
Elle n'en dit pas davantage. La seule idée de l'effort que le poney serait obligé de fournir la faisait frémir.
Soudain, James plissa les yeux derrière ses lunettes :
– Ce ne serait pas ton père ?
Cathy se tourna vers la route. Un 4 x 4 descendait derrière l'église et prenait le virage, se dirigeant vers le champ de foire.
– Hourra ! C'est lui ! s'écria-t-elle. Va le chercher, James, et amène-le immédiatement sur le parcours.
Et elle s'élança vers le champ de foire.
James écarquilla les yeux :
– Mais où vas-tu ?
– Empêcher Prince de sauter ! cria Cathy. Dépêche-toi ! Je les retiendrai aussi longtemps que possible.

Elle courait à perdre haleine. De loin, elle aperçut Susan qui dirigeait Prince sur la ligne de départ et attendait le signal.
Arrivée à la ceinture d'arbres, Cathy se fraya un passage en repoussant les branches avec vigueur. Plus que quelques mètres…
Susan avait entamé un petit galop autour du parcours. Cathy accéléra. Tout à coup, elle sentit que son pied se prenait dans une racine. Elle trébucha et tomba lourdement sur le sol. La chute l'avait étourdie, mais elle réussit à se remettre debout. Une violente douleur lui déchira la cheville. Elle leva les yeux. Susan ajustait ses rênes et lançait Prince au galop.
Cathy essaya d'avancer en portant son poids sur son pied gauche. Elle n'avait qu'une pensée en tête : arrêter Susan avant qu'il ne fût trop tard. Le souffle coupé par la douleur, elle courait maintenant tant bien que mal droit sur Prince.
– Stop ! cria-t-elle à Susan. Arrête-toi !
Cathy vit le commissaire de piste se précipiter sur le parcours. Elle fit un dernier

effort. Sa cheville la lançait horriblement. Rassemblant ses forces, elle fonça vers les balles de foin. Au même moment, Prince leva la tête en tirant sur son mors et en s'ébrouant. Susan laissa retomber les rênes, et le poney ralentit le pas, le souffle court.
Cathy tituba jusqu'au poney et mit un bras autour de son cou. Susan était rouge de colère.
– Tu es complètement dingue ! siffla-t-elle. Tu as tout gâché !
Cathy resta muette d'épuisement.
Le commissaire de piste la saisit brusquement par le bras.
– Cette fois, tu es allée trop loin…, commença-t-il.
Soudain, une autre voix s'éleva.
– Que se passe-t-il ? demanda M. Hope. Cathy ! Tu vas bien ?
La jeune fille se tourna vers son père avec soulagement :
– C'est Prince, papa, tu ne dois pas le laisser sauter…
Puis elle glissa le long du flanc du poney, sans connaissance.

15

– Si ça continue, il va falloir distribuer des tickets de passage, plaisanta M. Hope. Que d'admirateurs !

Cathy sourit. Quatre jours avaient passé depuis les événements de la foire de Welford. Elle était allongée sur un transat dans le jardin ensoleillé, sa jambe reposant sur un tabouret. Sa cheville foulée lui faisait encore mal.

Elle aperçut son grand-père, qui s'avançait vers elle, accompagné de Walter Pickard. Tommy était aussi venu, avec ses hamsters.

– Bonjour, Papy ! Bonjour, monsieur

Pickard ! lança Cathy. Alors, Tommy, ils ont encore mâché du chewing-gum ?

Le petit garçon rougit.

– Ils ont gagné un prix à la foire, annonça-t-il, très fier.

– Le prix de l'apparence la plus originale ! expliqua M. Hope en se retenant de rire.

Cathy contempla les petites bêtes. Leur fourrure était déjà en train de repousser.

– Eh bien ! Comment se porte la blessée ? demanda son grand-père.

– Je suis en pleine forme ! Merci de venir me voir ! Je ne m'attendais pas à devenir une célébrité.

– Tu as quand même sauvé la vie de Prince ! protesta son père. Ce n'est pas rien.

– Était-il malade à ce point ? s'étonna Walter Pickard.

– D'après les radios, il a pas mal de corps étrangers dans les bronches, répondit Mme Hope, qui apportait des verres de jus de fruit. De la poussière de foin, mais aussi de la sciure fine et des champignons de moisissure qui provenaient de sa litière. Si

on l'avait forcé à sauter, qui sait ce qui aurait pu arriver !
Depuis son accident, Cathy avait reçu de nombreuses visites. Tout le monde avait défilé dans la maison : ses grands-parents, bien sûr, Mme Jackson et sa fille, Jane, M. Hardy, le propriétaire du pub, et même la petite Penny avec Pâquerette. Quant à James, il passait tous les jours pour lui apporter ses devoirs et lui présenter les derniers tours de Blackie. Seule Susan n'était pas encore venue.
Il faisait bon au soleil. Bercée par le murmure des conversations, Cathy sentit ses yeux se fermer. Dans son demi-sommeil, il lui sembla vaguement entendre un bruit régulier sur la route, une sorte de martèlement qui se rapprochait.
Elle ouvrit les yeux. C'était Prince. Comme il était beau ! Sa robe était soyeuse et ses yeux brillaient. Il hennit en secouant la tête. Susan lâcha la bride, et Prince s'avança délicatement sur l'herbe. Il baissa la tête et poussa ses naseaux dans le cou de Cathy.

– Arrête, tu me chatouilles ! s'exclama la jeune fille, amusée et émue.

Elle leva le bras pour lui caresser le front :

– Je suis tellement contente de te voir !

– Il est guéri, maintenant, lui annonça Susan. C'est ton père qui me l'a dit.

Cathy regarda Susan. Elle se tenait debout devant elle, très mal à l'aise.

– Je suis désolée, Cathy, murmura-t-elle. J'aurais dû t'écouter. C'est toi qui avais raison depuis le début.

– L'essentiel, c'est qu'il soit parfaitement remis, fit doucement Cathy.

Susan poussa un profond soupir, comme si un grand poids lui avait été ôté :

– Tu m'aideras à prendre soin de lui ?

Cathy se mit à rire :

– Tu aurais du mal à m'en empêcher !

Derrière Susan, elle vit arriver les parents de la jeune fille.

– Je vais essayer de me libérer plus souvent, pour être moins loin de ma fille, déclara Mme Collins.

– Et moi de même, ajouta M. Collins.

Susan se plaindra bientôt de ne plus pouvoir se débarrasser de nous !
En découvrant le visage rayonnant de Susan, Cathy comprit que ça ne lui poserait certainement aucun problème… bien au contraire ! Elle était si heureuse !
Cathy regarda autour d'elle avec bonheur. Le jardin était rempli de gens qu'elle aimait et d'animaux.
– Où est Prince ? demanda-t-elle tout à coup.
James, qui venait d'arriver, pointa son pouce vers l'entrée.
– Sous le porche, dit-il. En train de manger les géraniums…
– Il a enfin retrouvé son appétit ! C'est parfait ! fit Cathy.
– Vraiment ? s'alarma M. Collins, ahuri.
Susan se tourna vers lui.
– Voyons, papa, dit-elle d'un air enjoué, si Cathy dit que c'est parfait, alors…
– … C'est parfait ! s'exclama tout le monde en chœur.

FIN

EXTRAIT

Et voici une autre aventure
de Cathy et James
dans

FLIBUSTE EST UN COQUIN !

S.O.S. ANIMAUX

4

– Nous allons nous disperser à travers le pré, expliqua Adam Hope sur le chemin, pour repérer les brebis enceintes. Celles qui sont sur le point d'accoucher se distinguent des autres par certains signes.

– Lesquels ? s'enquit James.

– Généralement, dans les dernières heures qui précèdent l'agnelage, la brebis s'écarte du troupeau. Pendant trois ou quatre heures, elle est très agitée, se couche, se relève, fouette l'air de sa queue et bêle. La mise bas, en revanche, ne dure qu'une heure. La brebis peut se tenir debout ou couchée. En principe, elle se débrouille seule. Mais il faut être vigilant et surveiller que tout se déroule bien. Pas de panique ! C'est le cas neuf fois sur dix.

– Comment pourrons-nous être sûrs que tout va bien ? l'interrogea Cathy.

– Normalement, une fois que l'agneau est né, la mère l'aide à se mettre sur ses pattes et le lèche pour le sécher. Le petit cherche aussitôt à téter : il est très important qu'il le fasse rapidement, car le premier lait de la mère contient des éléments qu'on appelle des anticorps qui l'aideront à se défendre contre les maladies. Si cela se passe ainsi, tu peux être rassurée.

– Et si la brebis n'a pas assez de lait pour son agneau ? s'inquiéta James.

Adam Hope fronça le sourcil.

– Cela peut arriver, notamment lorsque la brebis a plusieurs petits, répondit-il. On essaie alors de faire adopter l'agneau par une autre brebis.

– Ah bon ? s'exclama le garçon.

– Parfaitement ! On le recouvre, par

exemple, avec la peau d'un agneau mort-né. La brebis reconnaît l'odeur de son petit et nourrit l'agneau comme si c'était le sien...

– Ça marche à tous les coups? demanda James, qui ne semblait pas très emballé par cette méthode.

– Non, il arrive que la brebis n'accepte pas le petit, admit M. Hope. Dans ce cas, on peut l'attacher pour l'empêcher de repousser l'agneau qui vient téter. La plupart du temps, elle l'adopte au bout d'une semaine... Et puis, dans le pire des cas, il reste le biberon!

Ils s'éparpillèrent dans le pré. Cathy était si fascinée par les agneaux à la toison bouclée qui gambadaient et sautaient aux côtés de leur mère qu'elle en oublia ce qu'elle cherchait. Ce fut James qui cria le premier:

– C'est ça?

Cathy se retourna. Son ami tenait un sac marron, noué par une corde.

– Oui, confirma M. Hope, venant à sa

rencontre, suivi de Jenny.
M. Hope prit le sac et l'ouvrit. Les trois enfants l'observaient attentivement.
– C'est une sorte de trousse d'urgence, expliqua-t-il tout en étalant les différents objets sur le sol. Vous voyez, il y a de la peinture et un carnet d'agnelage. La peinture sert à marquer le même chiffre sur le dos de la mère et de son petit. L'éleveur note ensuite ce chiffre et le sexe de l'agneau dans son carnet. Pour les naissances difficiles, on prévoit du désinfectant et de la crème lubrifiante, une sorte d'huile qui facilite la mise bas. Il y a aussi des cordes pour aider l'agneau à sortir du ventre de sa mère quand cela se passe vraiment mal. On emporte également des antibiotiques et des vitamines pour que la brebis reprenne des forces, ainsi que du lait pour le petit au cas où il ne pourrait pas téter. Enfin, le sac est rembourré avec de la laine de mouton : l'agneau sera au chaud et confortablement installé si l'éle-

veur doit le rapporter chez lui.
– C'est drôlement ingénieux ! s'exclama Cathy.
– Maintenant, mettons-nous au travail ! lança M. Hope. Tu m'accompagnes, Jenny ?
La petite fille hocha vigoureusement la tête, tout excitée par la tâche qui les attendait.

Ils travaillèrent sans relâche jusqu'à midi.
– Pas de problème particulier ? demanda M. Hope, une fois qu'ils se furent installés à l'abri du muret pour manger leur casse-croûte.
– Oh non, c'était fantastique ! s'enthousiasma Cathy. J'ai vu naître un agneau ! C'était exactement comme tu nous l'avais raconté !
Tous étaient très fatigués. Jenny leva son sandwich au fromage :
– Je peux en donner à Blackie ?
James acquiesça, et la petite fille parut toute contente.

EXTRAIT

– Tu l'aimes tant que ça ?

– Oui, je rêve d'avoir un chien comme lui. Jess, lui, ne fait que travailler !

– C'est normal, Jenny. Les chiens de berger ne sont pas là pour jouer, déclara M. Hope.

– D'ailleurs, où est-elle ? demanda James en regardant autour de lui.

Au même moment, le border collie traversa le champ et s'arrêta à quelques mètres devant eux.

– Te voilà, ma belle ! s'écria Cathy.

Mais la chienne resta à sa place en les fixant du regard. Elle bougeait lentement la tête d'avant en arrière. Alerté, M. Hope sauta sur ses pieds.

– Que se passe-t-il, papa ?

M. Hope s'avança d'un pas, et Jess recula de quelques mètres en aboyant.

– Elle essaie de nous faire comprendre quelque chose, répondit-il. Suivons-la !

5

Jess courait vers le côté opposé du pré en s'assurant du coin de l'œil qu'ils étaient bien derrière elle.

– Là-bas ! s'exclama M. Hope.

Ils s'approchèrent de l'endroit indiqué par la chienne. Une brebis gisait sur le sol. Elle était allongée sur le côté, les jambes raides et le corps en arc de cercle.

– Elle est morte ? s'affola Cathy.

Son père était déjà en train d'ouvrir le sac d'agnelage.

– Non, elle respire.

Comme si elle avait entendu, la brebis cligna des yeux et poussa un très faible bêlement.

– Doucement, il ne faut pas l'effrayer.

– Qu'est-ce qu'elle a, papa ?

M. Hope se pencha sur l'animal et passa ses mains sur son corps tendu.

– Hypocalcémie, répondit-il brièvement.

– Qu'est-ce que c'est ? demanda Cathy en s'agenouillant à côté de lui.

M. Hope fouilla dans le sac :

– C'est un manque de calcium. Cela arrive parfois.

Cathy regarda son père prendre une seringue et un flacon.

– Je dois lui faire une piqûre, déclara-t-il. Cathy, tiens-lui la tête, s'il te plaît.

La petite fille passa doucement ses bras autour du cou de la brebis.

D'un geste précis, M. Hope remplit la seringue et enfonça l'aiguille dans la peau de l'animal.

– Et maintenant ? demanda James.

– Il faut attendre…

Les minutes défilaient pendant qu'ils observaient la brebis. Soudain, Cathy crut voir ses paupières trembler. Puis un frisson parcourut le corps de la pauvre bête, et ses yeux s'ouvrirent. Apeurée, elle leva la tête vers Cathy et émit un bêlement plaintif.

– La crise est passée, dit M. Hope. James, aide Cathy à lui maintenir la tête et soyez prêts à l'empêcher de s'emballer lorsque l'agneau sortira.

Cathy s'apprêtait à poser d'autres questions lorsque la brebis s'agita et voulut se redresser. Les deux enfants serrèrent leurs bras autour de son cou, tandis qu'elle continuait à donner des coups de sabot pour se libérer.

– Tenez-la bien ! ordonna M. Hope.

Cathy serra plus fort tout en parlant à la brebis pour la rassurer. Peu à peu, l'animal se calma.

M. Hope releva ses manches, puis se désinfecta les mains et les bras avant de les enduire de crème lubrifiante. Il glissa

ensuite la main dans le ventre de la brebis afin de palper son bébé et de contrôler sa position. Il fronça les sourcils :
– Ce sont des jumeaux. Ils ont les pattes emmêlées.
Cathy se mordit la lèvre. La pauvre brebis semblait beaucoup souffrir ! Elle était secouée de spasmes.
– Là, là… Ce sera bientôt fini, lui chuchota Cathy à l'oreille.
Elle scruta le visage concentré de son père. Soudain, elle le vit sourire :
– Allez, viens, petit ! Dépêche-toi, il y en a un autre derrière qui attend.
Tout à coup, un nouveau-né glissa dans l'herbe. Le vétérinaire guida aussitôt la petite créature tremblotante vers le flanc de sa mère.
– Surtout, ne la lâchez pas maintenant ! Son frère arrive !
Cathy se déplaça légèrement afin que la brebis puisse sentir son petit. Émue, elle

contempla la mère qui lui donnait de grands coups de langue.
– Qu'il est mignon ! lâcha-t-elle.
– Et de deux ! s'écria M. Hope, soulagé.
Cathy leva les yeux. Elle avait été tellement absorbée par le premier agneau qu'elle avait raté la naissance du second.
Elle se jeta dans les bras de son père :
– Oh, papa, tu les as sauvés tous les trois !
M. Hope se mit à rire :
– Nous devons surtout remercier Jess ! Si elle n'était pas venue nous chercher, la brebis aurait pu ne pas survivre.
– Et ces deux petits agneaux seraient morts eux aussi ! ajouta Cathy, la gorge serrée.
Elle se baissa pour caresser Jess, mais la chienne n'y prêta pas attention. Les oreilles dressées, elle était sur le qui-vive.
– Une autre brebis aurait des ennuis ? s'inquiéta Cathy.
Mais Jess dévalait déjà la colline en direction de la ferme. Jenny se mit à sauter sur place :

EXTRAIT

– C'est papa ! Jess fait toujours ça quand papa rentre à la maison, lança-t-elle avant de se précipiter derrière la chienne.

– Regardez ! Elle a raison, dit James en désignant une haute silhouette qui montait la colline à grands pas.

Jack Spiller se baissa pour caresser Jess. Puis il aperçut Jenny qui arrivait vers lui.

– Papa, Papa, est-ce que le bébé est né ?

Il serra sa fille dans ses bras et la souleva au-dessus de sa tête. Cathy sourit en voyant Jack jucher Jenny sur ses épaules et se diriger vers eux, la chienne sur les talons.

– C'est un garçon ! leur annonça-t-il, heureux. Et Maggie se porte bien.

Cathy était ravie. Elle contempla les deux agneaux occupés à téter. Leur petit manteau de laine blanche avait séché, et ils ressemblaient à deux boules de coton.

– Je suis sûre que le bébé de Maggie est aussi beau que vous, chuchota-t-elle.

EXTRAIT

Découvre vite la suite de cette histoire
dans

FLIBUSTE EST UN COQUIN !

N° 318 de la série

S.O.S. ANIMAUX

ÉCRIS-NOUS !

Chère Lucy Daniels,

Comme Cathy et James, j'adore les animaux. Un jour, j'ai trouvé un chien qui était abandonné au bord d'une route. Avec mes parents, on l'a recueilli à la maison en attendant. Et puis on s'est attachés à lui et on l'a gardé. Maintenant, il fait partie de la famille.

Margaud, 11 ans.

RÉPONSE

Voici une histoire qui se termine bien pour tout le monde ! Ton chien a trouvé un bon foyer, et tes parents et toi avez un fidèle compagnon. Malheureusement, les parents n'acceptent pas toujours de garder un animal chez eux. Dans ce cas, il ne faut pas hésiter à prévenir une association qui recueille les animaux.

TOI AUSSI, TU AIMES LES ANIMAUX ?

Si tu as envie

de nous confier les joies et les soucis que tu as avec ton animal,

si tu veux

nous poser des questions sur l'auteur et ses romans, ou tout simplement nous parler de tes animaux préférés,

n'hésite pas à nous écrire !
Ta lettre sera peut-être publiée !

Attention !

N'oublie pas d'écrire ton nom et ton adresse si tu veux qu'on te réponde !

S.O.S. ANIMAUX

301. Il faut retrouver Perle !
302. Blaireaux en danger
303. Au secours des loutres
304. Les larmes du dauphin
305. Le panda abandonné
306. Le chevreau imprudent
307. Le phoque pris au piège
308. Sur les traces du léopard
309. La baleine en détresse
310. Réglisse a disparu !
311. Sauvons les poulains !
312. Une girafe en péril
313. Comment sauver Harry ?
314. Perdue dans la nuit
315. Qui veut adopter un chaton ?
316. Un hamster trop gourmand
317. Une maison pour Marco et Polo
318. Flibuste est un coquin !
319. Prince ne doit pas courir !

Imprimé en R.F.A. par Clausen & Bosse
N° d'Éditeur: 7115